Cindy Bunch

LA PALABRA DE DIOS

PODER PARA MOLDEAR NUESTRAS VIDAS

9 ESTUDIOS PARA INDIVIDUOS O GRUPOS

Traducido por Jesús Escudero Nava

InterVarsity Press
P.O. Box 1400 | Downers Grove, IL 60515-1426
ivpress.com | email@ivpress.com

Traducción: Jesús Escudero Nava

InterVarsity Press® es la división editorial de InterVarsity Christian Fellowship/USA®. Para más información, visita intervarsity.org.

Diseño de la portada: Faceout Studio, Addie Lutzo
Diseño del interior: Daniel van Loon
Imagen: © krisanapong detraphiphat / Moment via Getty Images

ISBN 978-1-5140-1376-2 (físico) | ISBN 978-1-5140-1377-9 (digital)

Impreso en los Estados Unidos de América ♾

Library of Congress Cataloging-in-Publication Data
Un récord de catalogo para este libro está disponible de parte de la Biblioteca del Congreso.

32 31 30 29 28 27 26 25 | 13 12 11 10 9 8 7 6 5 4 3 2 1

Para Doug y Marilyn Stewart

CONTENIDO

CÓMO SACAR EL MÁXIMO PROVECHO DE *LA PALABRA DE DIOS*

Nos reunimos desde diversas partes del país para discutir los modelos actuales de estudio bíblico y explorar nuevas formas de fomentar el estudio de las Escrituras dentro del ministerio de InterVarsity Christian Fellowship. Habíamos pasado algún tiempo discutiendo cosas apasionantes como las influencias históricas y las «metodologías hermenéuticas». Entonces nuestro líder, Bob, abrió una sesión hablando desde su corazón sobre cómo había experimentado el poder de la Palabra viva tal y como se describe en Juan 1.

«¿Qué pasajes han sido significativos para cada uno de nosotros en el desarrollo del amor por las Escrituras?», preguntó alguien. Y la discusión continuó. La gente describió cómo Dios se les había revelado a través de diferentes partes de la Biblia. Jean habló de cómo Hechos 2 le había ayudado a comprender el lugar de las Escrituras en medio de los grupos pequeños. Barry habló de pasajes que habían dado forma a su llamamiento a predicar. La gente mencionó sus capítulos y versículos favoritos: «Josué 1:8», «2 Corintios 3», «Salmo 119», «Salmo 1», «Deuteronomio 6», «2 Timoteo 3».

Fue una conversación conmovedora. Dios había utilizado a muchos personajes diferentes de todos los libros de la Biblia para llamarnos y enseñarnos. Me pregunté cómo se podría transmitir a los demás este aprecio por la Palabra de Dios, y así nació la idea de esta guía.

Esta no es una guía sobre la naturaleza de las Escrituras ni sobre cómo se elaboraron. Ni siquiera es una guía sobre cómo estudiar la Biblia, aunque está escrita a partir del modelo de estudio bíblico inductivo. *Esta guía está diseñada para traer a nuestras vidas las riquezas de la Palabra viva de Dios.* Los pasajes de estos estudios nos mostrarán cómo las Escrituras nos consuelan y animan y nos moldean para parecernos más a Cristo.

Le pido a Dios que, al leer estas páginas, descubras el poder de su Palabra para tu vida.

SUGERENCIAS PARA EL ESTUDIO INDIVIDUAL

1. Al iniciar cada estudio, ora para que Dios te hable a través de su Palabra.

2. Lee la introducción del estudio y responde a la pregunta o ejercicio de reflexión personal. Esto te ayudará a centrarte en Dios y en el tema del estudio.

3. Cada estudio se centra en un pasaje específico, permitiendo profundizar en el significado que el autor pretende dentro de su contexto. Lee y relee el pasaje a estudiar. Si estás estudiando un libro, te resultará útil leerlo en su totalidad antes del primer estudio. Las preguntas están redactadas utilizando el lenguaje de la Nueva Versión Internacional, por lo que te recomendamos que utilices dicha versión de la Biblia.

4. Se trata de un estudio bíblico inductivo, diseñado para ayudarte a descubrir por ti mismo lo que dicen las Escrituras. El estudio incluye tres tipos de preguntas. Las preguntas de observación indagan sobre los hechos básicos: quién, qué, cuándo, dónde y cómo. Las preguntas de interpretación profundizan en el significado del pasaje. Las preguntas de aplicación ayudan a descubrir las implicaciones del texto para crecer en Cristo. Estas tres claves abren los tesoros de las Escrituras.

Escribe tus respuestas a las preguntas en los espacios proporcionados o en un diario personal. Escribir puede aportar claridad y una comprensión más profunda de ti mismo y de la Palabra de Dios.

5. Puede ser bueno tener a la mano un diccionario bíblico. Utilízalo para buscar cualquier palabra, nombre o lugar que no te resulte familiar.

6. Utiliza la sugerencia de oración como guía para dar gracias a Dios por lo que has aprendido y para orar sobre las aplicaciones que te hayan venido a la mente.

7. Puede que desees pasar a la sugerencia del apartado «Ahora o después», o puede que desees utilizar esa idea para el próximo estudio.

SUGERENCIAS PARA LOS MIEMBROS DE UN GRUPO DE ESTUDIO

1. Asiste al estudio debidamente preparado. Sigue las sugerencias para el estudio individual mencionadas anteriormente. Comprobarás que una buena preparación enriquecerá enormemente el tiempo dedicado a la discusión en grupo.

2. Debes estar dispuesto a participar en la discusión. El líder de tu grupo no estará dando lecciones. Al contrario, animará a los miembros del grupo a discutir lo que han aprendido. El líder formulará las preguntas que se encuentran en esta guía.

3. Apégate al argumento que se está discutiendo. Tus respuestas deben basarse en los versículos que son el centro de la discusión y no en autoridades externas como comentarios u oradores. Estos debates se centran en un pasaje concreto de las Escrituras. Solo en algunas ocasiones deberás referirte a otras porciones de la Biblia. Esto permitirá que todos participen en el estudio en profundidad y en igualdad de condiciones.

4. Sé receptivo con los demás miembros del grupo. Escucha con atención cuando describan lo que han aprendido. Es posible que te sorprendan sus apreciaciones. Cada pregunta supone una variedad de respuestas. Muchas preguntas no tienen respuestas «correctas», sobre todo las que apuntan al significado o la aplicación. En su lugar, las preguntas nos empujan a explorar el pasaje más a fondo.

Cuando sea posible, relaciona tus comentarios con los comentarios de los demás. Asimismo, sé positivo siempre que puedas. Esto animará a participar a algunos de los miembros más titubeantes del grupo.

5. Ten cuidado de no controlar la discusión. En ocasiones estamos tan ansiosos por expresar nuestros pensamientos que dejamos muy pocas oportunidades para que los demás respondan. Por supuesto, ¡participa! Pero permite que los demás también lo hagan.

6. Espera que Dios te enseñe a través del pasaje que se está discutiendo y a través de los demás miembros del grupo. Ora para que pasen juntos un rato agradable y fructífero, pero también para que, como resultado del estudio, encuentren formas de actuar individualmente y/o en grupo.

7. Recuerda que todo lo que se diga en el grupo se considera confidencial y no debe comentarse fuera del mismo, a menos que se dé permiso específico para ello.

8. Si eres es el líder del grupo, encontrarás sugerencias adicionales al final de la guía.

UNO

ANHELANDO A CRISTO

Juan 1:1-5, 14-18

La Palabra de Dios está viva. Experimentamos el poder de la Palabra viva cuando leemos las Escrituras y nos sentimos motivados a seguir sus enseñanzas o cuando estudiamos la Biblia con otros y descubrimos nuevas verdades sobre la fe. Y cuando somos capaces de animar a otros a través de las promesas de las Escrituras, o —quizá lo más importante— cuando los ojos de los creyentes se abren para ver el significado del relato bíblico de la muerte y resurrección de Cristo, experimentamos la Palabra viva.

Discusión en grupo. ¿Cuándo y cómo la Escritura ha cobrado vida para ti?

Reflexión personal. Dedica algún tiempo a dar gracias a Dios por lo que te ha enseñado de las Escrituras hasta ahora.

Juan 1 describe cómo la Palabra (el mensaje de Dios a los habitantes del planeta tierra) se nos reveló en Cristo. *Lee Juan 1:1-5, 14-18.*

1. ¿Qué aprendemos sobre la Palabra, también conocido como el Verbo, en estos versículos?

2. ¿Qué revelan las acciones de Dios en estos versículos sobre su carácter?

3. ¿Cómo interpretas o respondes a esta imagen de Cristo como la Palabra?

4. ¿Por qué crees que en este punto se utiliza el nombre de «la Palabra»?

5. ¿Por qué se hace tanto hincapié en el papel del Verbo en la creación (vv. 1-4)?

6. ¿De qué manera los inconversos no ven la luz que brilla a través de las tinieblas?

7. ¿Qué te parece significativo del hecho de que el Verbo se hiciera carne (v. 14)?

8. ¿De qué maneras vemos la gloria de Dios?

9. ¿Cómo podemos, como Juan (v. 15), declarar la gloria de Cristo a los demás?

10. ¿Cómo es la ley precursora de Jesús, la Palabra?

11. Leemos en cuatro versículos diferentes que el Verbo estaba con Dios. ¿Por qué se hace hincapié en este punto?

12. ¿Cómo puede influir en tu manera de manejar las Escrituras el hecho de considerarlas como la Palabra viva de Dios?

Pide a Dios que esté contigo mientras sigues estudiando su Palabra y que grabe su verdad en tu corazón.

AHORA O DESPUÉS

Lee estos versículos en un par de versiones diferentes de la Biblia, especialmente en aquellas que ofrezcan paráfrasis. Presta atención a las palabras o imágenes que sobresalgan. ¿Cómo se profundiza o amplía tu comprensión de este pasaje?

DOS

ALIMENTO PARA LA VIDA

Isaías 55

Mi hermana ha descubierto recientemente que es alérgica a la leche. Esto significa que muchas de sus comidas favoritas son tabú: galletas con chispas de chocolate, pizza, café moca con leche. Y tengo una amiga que es alérgica a los frutos secos. Cuando come fuera siempre se lleva un antihistamínico, por si acaso se le ha colado un fruto seco en la comida. Los frutos secos son nutritivos, pero para ella también son peligrosos.

Discusión en grupo. Relata una ocasión en la que no pudiste comer un alimento favorito. Cuenta un momento en el que tuviste mucha sed.

Reflexión personal. ¿Qué tipo de alimento espiritual necesitas ahora mismo?

El alimento es de lo que trata Isaías 55. Es un llamado a los que han sido desterrados de Jerusalén: un llamado a regresar y ser restaurados a Dios. *Lee Isaías 55.*

1. ¿Cómo dividirías el pasaje en secciones temáticas y cómo titularías cada sección?

2. ¿Cuál de estas invitaciones o promesas te parece más convincente y por qué?

3. ¿Quiénes podrían ser los sedientos del versículo 1?

4. ¿En qué gastamos tiempo y dinero, solo para encontrar poca satisfacción (v. 2)?

5. ¿Implica el versículo 6 que el Señor nos abandonará? Explícalo.

6. ¿Qué implica volverse a Dios (vv. 6-7)?

7. ¿En qué se diferencia Dios radicalmente de nosotros (vv. 7-9)?

8. ¿Qué revela el versículo 10 sobre las obras de Dios?

9. ¿Cómo alcanza la Palabra de Dios sus propósitos?

10. Mira nuevamente los versículos 1-10. ¿Cómo resume el versículo 11 todo lo que le precede?

11. Observa las promesas ofrecidas al pueblo de Dios en los versículos 12-13. ¿De qué manera esto también es fruto de la Palabra de Dios?

12. ¿Qué revela la obra de las palabras de Dios tal como se muestra aquí sobre la importancia de estudiar las Escrituras?

13. Piensa en tu respuesta a la pregunta 2. ¿Qué revela este pasaje sobre las formas de encontrar el alimento espiritual específico que necesitas en este momento?

Plantea libremente tus necesidades a Dios. ¿De qué tienes hambre y sed?

AHORA O DESPUÉS

Relee Isaías 55 en un tiempo de reflexión en silencio. ¿Cómo sacia Dios tu hambre y tu sed? Expresa tu agradecimiento a Dios de cualquier forma que te resulte cómoda: mediante la oración, la poesía, la danza, el canto, el arte o la escritura.

TRES

APLICANDO LA PALABRA

Mateo 13:1-23

Jeff predicó su sermón en dos idiomas al mismo tiempo. Hablaba en voz alta mientras hablaba a través del lenguaje de señas. Habló de cómo había aprendido a escuchar de forma más plena, más profunda, después de perder la audición. Estaba libre del incesante ruido de nuestro mundo, libre para escuchar a Dios. Pero ahora también estaba perdiendo la vista. Jeff volvía a cuestionar a Dios. Sentía que Dios le decía que quería que Jeff pudiera centrarse aún más en él. Aunque fue sincero sobre sus temores, Jeff describió poderosamente una relación rica y profunda con Dios a medida que todos sus sentidos le llevaban a experimentar a Dios plenamente.

Discusión en grupo. ¿Has experimentado limitaciones en tu capacidad para ver u oír? ¿Cómo es eso?

Reflexión personal. ¿Qué significan para ti los sentidos de ver y oír? ¿Cómo sería perderlos?

Jesús les reveló los secretos de ver y oír a aquellos que decidieron escuchar. *Lee Mateo 13:1-23.*

1. Describe lo que le sucede a la semilla en cada uno de los cuatro tipos de suelo (vv. 3-8).

2. Observa el significado de la parábola en los versículos 18-23. Si tuvieras que elegir actores para interpretar un papel que represente a cada uno de estos tipos de suelo, ¿a quién elegirías y por qué?

3. ¿Con qué tipo de tierra te sientes más identificado? Explícalo.

4. Jesús comienza a responder a la pregunta de los discípulos sobre por qué usa parábolas con las enigmáticas declaraciones de los versículos 11-12. En el versículo 11, ¿quiénes son «ustedes» y quiénes son «ellos»?

5. En el versículo 12, ¿quién «tiene» y quién «no tiene»?

6. ¿Cómo aclara la cita de Isaías en los versículos 14-15 la afirmación del versículo 13?

7. ¿Cómo te ha bendecido la oportunidad de ver y oír (vv. 16-17)?

8. Repasando el pasaje, ¿qué crees que se está comunicando acerca de ver y oír a Jesús?

9. ¿Cuándo te resulta difícil aplicar lo que estás aprendiendo de la Palabra?

10. ¿Qué te ayuda a aplicar la Palabra?

11. El versículo 23 habla de la cosecha que viene cuando alguien «oye la palabra y la entiende». ¿Cómo has experimentado el fruto de aplicar la Palabra en tu propia vida?

Pide a Dios que te ayude a verlo y oírlo con claridad.

AHORA O DESPUÉS

Reflexiona más sobre la metáfora de ver y oír. ¿Qué necesitas despejar de tu vida para poder ver con los ojos, oír con los oídos y aplicar la Palabra de Dios?

CUATRO

REUNIDOS EN TORNO A LA PALABRA

Hechos 2:42-47

Las edades de los miembros oscilan entre los catorce y los cuarenta y cinco años. Algunos han ido a la universidad, otros a la escuela de posgrado y otros no han cursado estudios superiores. Las profesiones varían desde camionero a paisajista, pasando por maestro de preescolar a contador. Proceden del Sur, del Este y del Medio Oeste. Uno de los miembros asiste a exhibiciones de armas los fines de semana; otro es un pacifista que protestó contra la Guerra del Golfo. Cuando se reúnen para estudiar la Biblia, las versiones son muy diversas, pero todos están dispuestos a profundizar y aprender unos de otros. Este es mi grupo pequeño.

Discusión en grupo. ¿Qué diferentes tipos de experiencias en grupos pequeños has tenido? ¿Cómo has visto los beneficios de reunirte con un grupo diverso de personas?

Reflexión personal. ¿Qué has aprendido del estudio de las Escrituras en grupos pequeños?

En Hechos 2 aparece el Espíritu Santo y Pedro predica a la multitud. El versículo 41 nos dice que tres mil personas fueron salvadas y bautizadas. En los versículos 42-47 vemos lo que sucede a continuación en la vida de estos nuevos creyentes. *Lee Hechos 2:42-47.*

1. ¿Qué cualidades de la comunión de los creyentes observas a lo largo de estos versículos?

2. ¿Cuáles de estas cualidades te parecen atractivas y por qué?

3. ¿Cómo contribuyen los elementos de su vida en común (v. 42) a formar una comunidad?

4. ¿Cómo has experimentado cada uno de estos elementos en un grupo pequeño o en tu iglesia?

5. ¿Cuáles son los resultados de su comunión en sus vidas (vv. 43- 47)?

¿en las vidas de los demás?

6. ¿Cómo respondes a la idea de compartirlo todo (vv. 44-45)?

¿De qué maneras podemos experimentar este aspecto de la comunidad?

7. ¿Cómo ha influido en tu vida la comunión cristiana?

8. ¿Cómo has visto que la confraternidad cristiana atrae a personas ajenas a la iglesia?

9. ¿Qué papel desempeña la reunión en torno a la Palabra mediante la enseñanza y el estudio de la Biblia en la construcción de la comunidad cristiana?

10. ¿Cómo podrías reforzar el lugar de la Palabra en las comunidades de las que formas parte?

Alaba a Dios por las formas en que estás conociéndolo al experimentar su Palabra en comunidad.

AHORA O DESPUÉS

Si actualmente no participas en un grupo pequeño de estudio bíblico, haz de la búsqueda —o inicio— de un grupo un asunto de oración. Si actualmente formas parte de un grupo, busca formas de expresar tu agradecimiento a los demás miembros. Puedes hacerlo verbalmente, por escrito o mediante pequeños regalos.

CONOCER LA MENTE DE CRISTO

1 Corintios 2:6-16

«HOY TE MERECES UN DESCANSO», nos dice el anuncio de McDonald's. «Sé todo lo que puedas ser», dice la promoción de reclutamiento del Ejército. «Simplemente hazlo» se esparce por toda la ropa deportiva de Nike. Tal es la sabiduría de nuestro mundo.

Discusión en grupo. ¿Cómo definirían la sabiduría algunas de las siguientes voces: un patinador, un deportista, un locutor de radio, una estrella del rock, un productor de anuncios de televisión, un niño de cinco años, una madre joven, un abuelo o una figura política nacional o internacional?

Reflexión personal. ¿Cómo definirías tú *la sabiduría*?

Primera de Corintios 2 nos muestra cómo la sabiduría de este mundo contrasta fuertemente con la sabiduría de Dios que nos ayuda a conocer la mente de Cristo. *Lee 1 Corintios 2:6-16.*

1. ¿Cuáles son las diferentes formas en que se utiliza la palabra *sabiduría* a lo largo de este pasaje?

2. ¿Cómo se compara esto con la «sabiduría de este mundo» (v. 6)?

3. ¿En qué se parece o en qué se diferencia esta visión de la sabiduría de la forma en que tú la concibes normalmente?

4. ¿Cuál es la «sabiduría secreta» de Dios (vv. 7-9)?

5. ¿Qué consuelo o aliento te ofrece el versículo 9?

6. ¿Qué papel desempeña el Espíritu de Dios al mostrarnos qué es la sabiduría (vv. 10-13)? ¿Cómo lo has experimentado?

7. ¿Cómo destacan los versículos 12-14 la naturaleza profundamente misteriosa del Espíritu?

8. El versículo 14 dice que los que no tienen el Espíritu ven las cosas de Dios como insensatas. ¿De qué forma has comprobado que esto es cierto?

9. ¿Implican los versículos 15-16 que no debemos permitir que otros nos enseñen? Explícalo.

10. Basándote en este pasaje, ¿qué rol afirmarías que el Espíritu desempeña a la hora de ayudarnos a comprender las Escrituras?

11. Repasando el pasaje, ¿cómo nos ayuda cada una de las tres personas de la Trinidad a comprender la sabiduría de Dios?

12. ¿De qué manera necesitas crecer en tu conocimiento de la mente de Cristo?

Oren para que la mente de Cristo se les revele cada vez más, a medida que estudian la Palabra de Dios.

AHORA O DESPUÉS

La cita en 1 Corintios 2:9 es de Isaías 64. Lee ese capítulo. Confiesa cualquier pecado que te venga a la mente en respuesta a estos versículos. Agradece a Dios por su promesa de ayuda (v. 5).

GUIADOS POR LA PALABRA

Salmo 119:97-108

En sus *Confesiones*, Agustín escribe sobre cómo ciertos libros de la Biblia le guiaron en un momento en el que luchaba contra el pecado.

> Estos libros sirvieron para recordarme que debía volver a mí mismo. Bajo tu guía me adentré en las profundidades de mi propia alma, y esto pude hacerlo porque *tu ayuda se hizo amiga mía* [Salmo 29:11]...
>
> Me di cuenta de que estaba lejos de ti. Era como si estuviera en una tierra donde todo es diferente a la tuya y oía tu voz que llamaba desde lo alto diciendo «Yo soy el alimento de los hombres maduros. Crece y te alimentarás de mí». (R. S. Pine-Coffin, trad. [Nueva York: Penguin, 1961], pp. 146-47)

Ya sea que nos encontremos en medio del pecado, de dificultades relacionales o de una transición importante en la vida, la Palabra de Dios es un recurso que Dios nos ha dado para guiarnos.

Discusión en grupo. ¿Cuál es una de las decisiones más difíciles que has tenido que tomar? ¿Qué proceso seguiste para tomar dicha decisión?

Reflexión personal. ¿Hay alguna decisión que te preocupe en este momento? Dedica un tiempo para presentarla ante Dios al iniciar este estudio.

El Salmo 119 es una extensa reflexión sobre la ley y los mandamientos de Dios y las enseñanzas de su Palabra. Es una fuente de inspiración para que dediquemos tiempo al estudio de las Escrituras. *Lee el Salmo 119:97-108.*

1. ¿Qué palabras y frases diferentes se utilizan para describir la Palabra de Dios?

2. ¿Con cuál de ellas te identificas por tu propia experiencia de estudio de las Escrituras?

3. ¿Cómo ha beneficiado al escritor de este salmo el estudio de la Palabra de Dios?

4. Lee con atención el versículo 98. Tú puedes sentir o no que tienes «enemigos», pero ¿de qué manera la Palabra de Dios te hace más capaz de enfrentarte a los que se oponen a Dios?

5. ¿Qué crees que intenta comunicar el escritor mediante las comparaciones de su entendimiento con el de sus maestros y el de los ancianos (vv. 99-100)?

6. ¿Cómo te ha moldeado y formado la Palabra de Dios?

7. El versículo 103 describe la Palabra de Dios como de sabor dulce. ¿Qué significa esta metáfora para ti?

8. ¿Cómo iluminan las Escrituras nuestros caminos? Da un ejemplo de una situación en la que hayas experimentado esto.

9. ¿Cómo nos da vida la Palabra de Dios en medio de nuestro sufrimiento (v. 107)?

10. El autor responde a estas reflexiones sobre las Escrituras ofreciendo a Dios su alabanza. ¿Qué sientes por Dios después de estudiar este pasaje?

Ofrece alabanza a Dios por la dulzura de su Palabra.

AHORA O DESPUÉS

El autor habla de hacer de la Escritura su meditación durante todo el día (v. 97). Aparta un tiempo para meditar sobre algunas partes de este pasaje u otras partes del Salmo 119. Comienza pidiendo a Dios que despeje tu mente de los problemas del día. A continuación, lee varias veces una sección anotando los versículos que llamen tu atención. Haz de esos versículos un foco de oración y reflexión continuas, pidiendo a Dios que te guíe.

SIETE

FORTALECIDOS POR LA PALABRA

Josué 1:1-9

Asistir a las clases de preparación al parto nos resultaba una experiencia que nos revolvía el estómago y nos causaba náuseas. Escuchar semana tras semana los detalles de cómo saldría el bebé, qué podía salir mal y qué teníamos que hacer en el proceso aumentaba nuestra ansiedad en lugar de disminuirla. Parecía tener el mismo efecto en los demás de la clase. En un momento en que la profesora nos estaba mostrando un gráfico de dilatación que ilustraba el drástico cambio que se produciría, una abogada de la clase optó por hacer de nuevo la pregunta. Señalando el gráfico, dijo: «¿Está diciendo que tenemos que ir de ahí hasta ahí? Eso parece muy improbable».

Discusión en grupo. Describe un momento en el que te enfrentaste a una tarea que parecía imposible. ¿Qué te dio el valor para avanzar?

Reflexión personal. ¿Cuándo te resulta difícil tener valor?

Moisés ha guiado al pueblo fuera de la esclavitud en Egipto y en su viaje por el desierto durante cuarenta años. Ahora Josué se enfrenta a la desalentadora tarea de sustituir a Moisés y dirigir a los israelitas en la siguiente parte del plan de Dios. Dios exhorta a Josué a ser valiente y le señala la Palabra como fuente de fortaleza y consuelo. *Lee Josué 1:1-9.*

1. En este pasaje, ¿qué le pide Dios a Josué que haga?

2. ¿Qué le promete Dios a Josué?

3. ¿Qué pensamientos y sentimientos habría tenido Josué al escuchar el plan de Dios para él?

4. ¿En qué área de tu vida necesitas ser fuerte y valiente?

5. ¿Qué significa no volverse «ni a la derecha ni a la izquierda» de la ley de Dios?

6. ¿De qué manera el «Libro de la Ley» debe ser una ayuda para Josué?

7. El «Libro de la Ley» era una porción primitiva de las Escrituras. ¿Qué podemos aprender del versículo 8 sobre cómo debemos tratar la Palabra de Dios?

¿De qué manera podríamos hacer que las prácticas mencionadas en el versículo 8 formaran más parte de nuestras vidas?

8. ¿De qué manera la Palabra de Dios te infunde valor cuando te enfrentas a circunstancias desafiantes?

9. Lee de nuevo el versículo 9. ¿Cómo podrías utilizar el mensaje de este versículo para animar a alguien?

Ora para que la fuerza y el valor de Dios formen parte de tu carácter y de tus acciones.

AHORA O DESPUÉS

Elije uno o dos versículos para memorizarlos y meditarlos para que la Palabra de Dios no «se aparte de tu boca».

OCHO

TRANSMITIR LA PALABRA

Deuteronomio 6:1-9

Estábamos todos reunidos para planificar el funeral de Eula Montgomery, la abuela de mi marido. Casi habíamos terminado de planificar el servicio, cuando el pastor preguntó qué texto le gustaría a la familia que utilizara para el sermón. Se nombraron los pasajes favoritos. Entonces su nieta Angela mencionó 2 Timoteo 1:5: «Traigo a la memoria tu fe sincera, la cual animó primero a tu abuela Loida, a tu madre Eunice y ahora te anima a ti. De eso estoy convencido». Me pareció una selección ideal para homenajear a una mujer que tuvo el valor de *empezar* a impartir una clase de escuela dominical cuando tenía más de ochenta años.

Discusión en grupo. ¿Alguien de tu familia o de tu iglesia ha alimentado tu fe? Habla un poco de esa persona.

Reflexión personal. Dedica tiempo para orar por quienes han alimentado tu fe.

El libro del Deuteronomio se compone de las últimas palabras de Moisés a los israelitas. Moisés les recuerda a los israelitas los Diez Mandamientos y otras leyes a lo largo de este libro mientras planean entrar en la Tierra Prometida. Moisés no irá con ellos. *Lee Deuteronomio 6:1-9.*

1. ¿Qué crees que pensaban y sentían los israelitas cuando Moisés les dio estas instrucciones?

2. ¿Qué palabras llaman tu atención al leer este pasaje?

¿Por qué crees que Moisés eligió expresarse de esta manera?

3. Enfócate en el versículo 2. ¿Qué tradiciones y creencias de fe has visto transmitirse en tu familia extendida?

4. ¿Cuáles son las recompensas (v. 3) que podemos ver en nuestra cultura por obedecer el versículo 2?

5. Analiza las verdades que se señalan en los versículos 4-5. ¿Por qué estas enseñanzas en particular deben estar «en nuestros corazones» (v. 6)?

6. Considera los versículos 6-9 como una unidad. Cada versículo describe una acción diferente. ¿Cuáles son?

7. ¿Cómo pueden integrarse las verdades de las Escrituras en nuestras vidas de la forma que se describe en el versículo 7?

8. ¿Cómo podemos mostrar exteriormente las verdades de las Escrituras tal como se describe en el versículo 8?

9. ¿Cómo puede reconocerse la Palabra de Dios en nuestras casas?

10. ¿Cuáles son los aspectos clave de la fe que te gustaría transmitir a las generaciones más jóvenes en las que tienes la oportunidad de influir?

¿Cómo puedes ser más eficaz al hacerlo?

Ora para tener la oportunidad de hablar sobre tu fe a un cristiano más joven.

AHORA O DESPUÉS

Lee el testimonio de Pablo a Timoteo en 2 Timoteo 3:10-17. ¿Cómo te han «enteramente capacitado» las Escrituras «para toda buena obra»? Prepárate para compartir este testimonio con otra persona.

NUEVE

REFLEJAR LA PALABRA

2 Corintios 3

Los retiros, campamentos y conferencias pueden ser acontecimientos que cambian la vida. Mi amiga Jen escribió la siguiente carta para describir su crecimiento en una reunión nacional de jóvenes.

> Ya sabes que esa conferencia significó el mundo para mí. Realmente lo fue. Me abrió los ojos a muchas cosas. Pero creo que lo más extraño de todo es que si muriera hoy o mañana, estaría contenta con mi vida. Y nunca antes había podido decir eso. Pero ahora sí que puedo.

Discusión en grupo. Describe una experiencia en la «cima de la montaña» que hayas vivido, un momento en el que creciste significativamente en Cristo. Intenta revivir lo que sentiste.

Reflexión personal. Recuerda un momento en el que la lectura de la Palabra de Dios satisfizo una necesidad específica o abrió una determinada área de crecimiento.

En sus cartas a los Corintios, Pablo habla de cómo la Escritura nos moldea y nos permite reflejar la imagen de Dios que actúa en nosotros. *Lee 2 Corintios 3.*

1. ¿De qué formas diferentes se utiliza la palabra *carta* en los versículos 1-7?

2. ¿Quién podría servirte como «carta de recomendación»?

3. El versículo 6 dice: «La letra mata, pero el Espíritu da vida». ¿Cómo has comprobado que esto es cierto? (Menciona un ejemplo.)

4. ¿Qué implicaciones tiene el versículo 6 para nuestra forma de leer y aplicar las Escrituras?

5. ¿Cuál es el ministerio que «causaba muerte» (v. 7)?

¿Qué aprendemos de cómo se contrasta con el «ministerio del Espíritu» (vv. 8-11)?

6. ¿De qué manera la Palabra te hace actuar con plena confianza (v. 12)?

7. Describe las diferentes formas en que se utiliza el velo en los versículos 13-18.

8. ¿Cuál crees que es el significado del velo para la gente de hoy?

9. Recibir la ley de Dios hizo que Moisés reflejara la gloria de Dios. ¿Cómo puede la Palabra de Dios hacer que reflejemos la gloria de Dios?

10. Iniciamos reflexionando sobre experiencias extraordinarias que hemos tenido con Dios. ¿Cómo puede repercutir en tu vida cotidiana pasar tiempo con Dios y su Palabra?

11. ¿Cómo piensas permitir que la Palabra siga dándote forma, convirtiéndote en una carta de Cristo?

Pide a Dios que te moldee con su Palabra.

AHORA O DESPUÉS

¿Cuáles son tus objetivos para continuar leyendo, meditando y estudiando? ¿Con qué frecuencia deseas dedicar tiempo a la Palabra de Dios? ¿Durante cuánto tiempo? ¿Qué nuevos métodos de estudio te gustaría probar? Dedica tiempo a la oración (y a la discusión si estás en grupo) mientras elaboras un plan.

NOTAS DEL LÍDER

Te basta con mi gracia.

(2 CORINTIOS 12:9)

Dirigir una discusión bíblica puede ser una experiencia agradable y gratificante. Pero también puede dar miedo, sobre todo si nunca lo has hecho antes. Si este es tu sentir, estás en buena compañía. Cuando Dios le pidió a Moisés que sacara a los israelitas de Egipto, él respondió: «¡Señor…, te ruego que envíes a alguna otra persona» (Éxodo 4:13). Lo mismo ocurrió con Salomón, Jeremías y Timoteo, pero Dios los ayudó a pesar de sus debilidades, y también te ayudará a ti.

No es necesario ser un experto en la Biblia o un profesor formado para dirigir una discusión bíblica. La idea que subyace a estos estudios inductivos es que el líder guíe a los miembros del grupo para que descubran por sí mismos lo que la Biblia tiene que decir. Este método de aprendizaje permitirá a los miembros del grupo retener mucho más de lo que se comparte, en comparación con una conferencia.

Estos estudios están diseñados para ser dirigidos con facilidad. De hecho, el flujo de preguntas a través del pasaje, de la observación a la interpretación y a la aplicación, es tan natural que puedes tener la sensación de que los estudios se guían solos. Esta guía de estudio también es flexible. Puedes utilizarla con una gran variedad de grupos: estudiantes, profesionales, vecinales o eclesiásticos. Cada estudio dura entre cuarenta y cinco y sesenta minutos en grupo.

Hay que conocer algunos datos importantes sobre la dinámica de grupo y el fomento de la discusión. Las sugerencias enumeradas a continuación deberían permitirte desempeñar de forma eficaz y amena tu papel como líder.

PREPARACIÓN DEL ESTUDIO

1. Pide a Dios que te ayude a comprender y aplicar el pasaje en tu propia vida. A menos que esto ocurra, no estarás preparado para dirigir

a los demás. Ora también por los distintos miembros del grupo. Pide a Dios que abra sus corazones al mensaje de su Palabra y los motive a la acción.

2. Lee la introducción de la guía completa para tener una visión general de todo el libro y de los temas que se explorarán.

3. Al comenzar cada estudio, lee y relee el pasaje bíblico asignado para familiarizarte con él.

4. Esta guía de estudio se basa en la Nueva Versión Internacional de la Biblia. Te ayudará a ti y al grupo si utilizas esta traducción como base para tu estudio y discusión.

5. Analiza cuidadosamente cada una de las preguntas del estudio. Dedica tiempo a meditar y reflexionar mientras consideras cómo responder.

6. Escribe tus pensamientos y respuestas en el espacio proporcionado en la guía de estudio. Esto te ayudará a expresar con claridad tu comprensión del pasaje.

7. Puede resultarte útil tener al alcance un diccionario bíblico. Utilízalo para buscar cualquier palabra, nombre o lugar que no te resulte familiar.

8. Piensa en cómo puedes aplicar la Escritura a tu vida. Recuerda que el grupo seguirá tu ejemplo a la hora de responder a los estudios. Ellos no profundizarán más que tú.

9. Una vez que hayas terminado tu propio estudio del pasaje, familiarízate con las notas del líder para el estudio que estás dirigiendo. Éstas están diseñadas para ayudarte de diversas maneras. En primer lugar, indican el propósito que el autor de la guía de estudio tenía en mente al escribir el estudio. Tómate tu tiempo para pensar en cómo las preguntas del estudio funcionan juntas para lograr ese propósito. En segundo lugar, las notas proporcionan información de fondo adicional o sugerencias sobre la dinámica de grupo para varias preguntas. Esta información puede ser útil cuando la gente tenga dificultades para entender o responder a una pregunta. En tercer lugar, las notas del líder pueden alertarte sobre posibles problemas que puedas encontrar durante el estudio.

10. Si deseas recordar algo mencionado en las notas del líder, escribe una nota personal debajo de esa pregunta del estudio.

DIRECCIÓN DEL ESTUDIO

1. Comienza el estudio a tiempo. Inicia con una oración, pidiendo a Dios que ayude al grupo a comprender y aplicar el pasaje.

2. Asegúrate de que todos los miembros del grupo disponen de una guía de estudio. Anima al grupo a prepararse de antemano para cada discusión leyendo la introducción de la guía y trabajando con las preguntas del estudio.

3. Al inicio de la primera reunión, explica que estos estudios están diseñados para fomentar la discusión, no para impartir conferencias. Estimula a los miembros del grupo a participar. Sin embargo, no presiones a aquellos que puedan mostrarse vacilantes a la hora de hablar durante las primeras sesiones. Puedes sugerir al grupo las siguientes directrices.

- Limítate a tratar el tema.
- Tus respuestas deben fundamentarse en los versículos que constituyen el centro de la discusión y no en autoridades externas como comentarios u oradores. Estos estudios se centran en un pasaje concreto de las Escrituras. Solo en algunas ocasiones podrás referirte a otras porciones de la Biblia. Esto permite que todos participen en el estudio en profundidad en igualdad de condiciones.
- Todo lo dicho en el grupo se considera confidencial y no se comentará fuera del grupo a menos que se dé un permiso específico para hacerlo.
- Nos escucharemos atentamente unos a otros y daremos tiempo para que cada persona presente pueda hablar.
- Oraremos unos por otros.

4. Pide a un miembro del grupo que lea la introducción al inicio de la discusión.

5. Todas las sesiones comienzan con una pregunta para discutir en grupo. La pregunta o actividad está pensada para ser utilizada antes de la lectura del pasaje. La pregunta introduce el tema del estudio y anima a los miembros del grupo a empezar a abrirse. Anima a participar al mayor número posible de miembros y prepárate para poner en marcha la discusión con tu propia respuesta.

Esta sección está diseñada para revelar dónde nuestros pensamientos o sentimientos necesitan ser transformados por las Escrituras. Por eso es especialmente importante no leer el pasaje antes de plantear la pregunta de debate. El pasaje tendrá la tendencia a matizar las reacciones que la gente daría de otro modo porque, por supuesto, se supone que piensan como lo hace la Biblia.

Quizá desees complementar la pregunta de debate en grupo con un rompehielos para ayudar a la gente a sentirse cómoda.

También puedes utilizar la pregunta de reflexión personal con tu grupo. Concede un tiempo de silencio para que la gente responda individualmente o discútela en grupo.

6. Pide a un miembro del grupo (o a otros miembros si el pasaje es largo) que lea en voz alta el pasaje que se estudiará. A continuación, concede a las personas unos minutos para volver a leer el pasaje en silencio para que puedan comprenderlo todo.

7. La pregunta 1 suele ser una cuestión general destinada a revisar brevemente el pasaje. Anima al grupo a examinar todo el texto, pero procura evitar que se desvíen con preguntas o temas que se abordarán más adelante en el estudio.

8. Cuando formules las preguntas, ten en cuenta que están diseñadas para ser utilizadas tal y como están escritas. Puedes limitarte a leerlas en voz alta. O quizá prefieras expresarlas con tus propias palabras.

Habrá ocasiones en las que sea conveniente desviarse de la guía de estudio. Por ejemplo, es posible que una pregunta ya haya sido respondida. Si es así, pasa a la siguiente pregunta. O puede que alguien plantee un interrogante importante no contemplado en la guía. Toma tiempo para discutirlo, pero intenta que el grupo no se desvíe del tema.

9. Evita contestar tus propias preguntas. Si es necesario, repítelas hasta que se comprendan claramente. O señala algo que hayas leído en las notas del líder para aclarar el contexto o el significado. Un grupo entusiasmado se vuelve rápidamente pasivo y silencioso si piensa que el líder será el que más hable.

10. No sientas miedo ante el silencio. La gente puede necesitar tiempo para pensar en la pregunta antes de formular sus respuestas.

11. No te conformes con una sola respuesta. Pregunta: «¿Qué piensan los demás?» o «¿Algo más?» hasta que algunas personas hayan respondido a la pregunta.

12. Reconoce todas las contribuciones. Intenta ser afirmativo siempre que sea posible. Nunca rechaces una respuesta. Si está claramente fuera de lugar, pregunta: «¿Qué versículo te ha llevado a esa conclusión?» o de nuevo: «¿Qué opinan los demás?».

13. No esperes que todas las respuestas vayan dirigidas a ti, aunque es probable que esto ocurra al principio. A medida que los miembros del grupo se sientan más cómodos, empezarán a interactuar de verdad entre ellos. Éste es uno de los indicios de una discusión saludable.

14. No temas la controversia. Puede resultar muy estimulante. Si no se resuelve una cuestión por completo, no te frustres. Sigue adelante y tenlo en cuenta para después. Un estudio posterior puede resolver el problema.

15. Resume periódicamente las reflexiones del grupo sobre el pasaje. Esto ayuda a unir las diversas ideas mencionadas y da continuidad al estudio. Pero no prediques.

16. Al final de la discusión bíblica, puedes conceder a los miembros del grupo un tiempo de silencio para trabajar en una idea bajo el epígrafe «Ahora o después». A continuación, discutan lo experimentado. O puede que desees animar a los miembros del grupo a trabajar en estas ideas entre las reuniones. Brinda oportunidad durante la sesión para que la gente hable de lo que está aprendiendo.

17. Finaliza el tiempo juntos con una oración conversacional, adaptando la sugerencia de oración del final del estudio al grupo. Solicita la ayuda de Dios para cumplir los compromisos que han adquirido.

18. Finalicen a tiempo.

COMPONENTES DE LOS GRUPOS PEQUEÑOS

Un grupo pequeño saludable debe hacer algo más que estudiar la Biblia. Hay cuatro componentes que deben tener en cuenta a la hora de estructurar su tiempo juntos.

Crecimiento. Los grupos pequeños nos ayudan a profundizar en nuestro conocimiento y amor por Dios. El estudio bíblico es fundamental para lograr esto y constituye la base de tu grupo pequeño.

Comunidad. Los grupos pequeños son un gran lugar para desarrollar amistades profundas con otros cristianos. Da tiempo para la interacción informal antes y después de cada estudio. Planifica actividades y juegos que les ayuden a conocerse. Pasen tiempo divirtiéndose juntos: yendo de picnic o cocinando juntos la cena.

Adoración y oración. El estudio se verá enriquecido si pasan tiempo alabando a Dios juntos en oración o cantando. Oren por las necesidades de los demás y lleven un registro de cómo Dios está respondiendo a la oración en el grupo. Pidan a Dios que les ayude a aplicar lo que están aprendiendo en su estudio.

Evangelización. Alcanzar a otros puede ser una forma práctica de aplicar lo que están aprendiendo, y evitará que su grupo se centre solo en sí mismos. Organiza una serie de conversaciones evangelísticas para tus amigos o vecinos. Limpien juntos el jardín de un amigo anciano. Sirvan juntos en un comedor social o pasen un día trabajando en una asociación.

ESTUDIO 1. ANHELANDO A CRISTO. JUAN 1:1-5, 14-18.

PROPÓSITO: Descubrir cómo nos encontramos con Cristo en la Palabra viva de las Escrituras.

Discusión en grupo. Utiliza esta pregunta para orientar al grupo sobre el tema, antes de leer el pasaje. Anima al mayor número posible de personas a responder.

Reflexión personal. Estas preguntas están pensadas para personas que estudian por su cuenta. Sin embargo, puedes utilizarlas con un grupo concediendo a sus miembros unos minutos para reflexionar en silencio antes de comenzar el estudio. Puede que algunas te resulten también adecuadas para la discusión en grupo. Utilízalas como desees.

Pregunta 1. Esta pregunta está diseñada para dar una breve visión general de los temas del pasaje. Más adelante entraremos en mayor detalle sobre cada versículo, así que no te detengas demasiado.

Pregunta 4. Si a alguien le resulta difícil, puedes leer la siguiente cita de *The NIV Study Bible* (Biblia de estudio NVI) y discutirla.

> Los griegos utilizaban este término no solo para referirse a la palabra hablada, sino también a la palabra no dicha, la palabra que aún está en la mente: la razón. Cuando lo aplicaban al universo, se referían al principio racional que gobierna todas las cosas. Los judíos, por su parte, la utilizaban para referirse a Dios. Así pues, Juan utilizó un

> término que tenía sentido tanto para los judíos como para los gentiles. (Kenneth Barker, ed. [Grand Rapids, Mich.: Zondervan, 1995], p. 1590 [traducción de la edición en inglés]).

Pregunta 5. Observa en Génesis 1 cómo, a medida que Dios habla, cada aspecto del mundo va cobrando existencia. Podemos pensar en una palabra como tinta pasiva en una página, pero ésta es una Palabra con poder: el poder de traernos a la existencia.

ESTUDIO 2. ALIMENTO PARA LA VIDA. ISAÍAS 55.

PROPÓSITO: Escuchar la invitación a ser alimentados y sostenidos por la Palabra.

Pregunta 1. Las secciones son los versículos 1-2, 3-5, 6-9, 10-11 y 12-13.

Pregunta 3. En estos versículos Isaías «nos presenta las consecuencias mundiales de la obra del Siervo. El mundo entero [es] invitado al nuevo mundo» (Alec Motyer, *Isaiah*, Tyndale Old Testament Commentaries [Downers Grove, Ill.: InterVarsity Press, 1999], p. 343).

Pregunta 5. Alec Motyer sugiere que el significado de *buscar* es

> acudir con diligencia al lugar donde se encuentra el Señor. Habla, por tanto, de compromiso, determinación, persistencia en la preocupación espiritual y en el anhelo de la presencia y la comunión del Señor. (*Isaiah*, p. 345)

Pregunta 6. «Buscar» a Dios es el primer paso. «Llamar» implica adorar a Dios y apelar a él en la necesidad. Motyer dice: «*Abandonar* y *volverse* son las dos caras del verdadero arrepentimiento, volverse de y volverse a (1 Tesalonicenses 1:9)». «Maneras» se refiere al estilo de vida («como cuando excusamos a alguien por ser grosero diciendo: "No lo dice en serio. Es sólo su manera"»). «Pensamientos» se refiere a la mentalidad que planea el estilo de vida. «Misericordia» implica ser «abrazado en una oleada de amor divino» (*Isaiah*, p. 345).

Pregunta 9. Según Motyer,

> la Palabra de Dios —en nuestra época privilegiada, las Sagradas Escrituras— procede del Señor mismo y es el instrumento elegido por el Señor para lograr sus propósitos. La Biblia revela sus pensamientos y caminos, fija sus objetivos, expresa sus promesas y es poderosa para lograr lo que expresa. En este pasaje el enfoque es más estrecho.

Habla en particular de la palabra divina que se escucha en el llamado al arrepentimiento, la orden de volver a Dios. (*Isaiah*, p. 346)

Pregunta 11. Si el tiempo lo permite, puedes pedir a la gente que enumere las promesas y lo que significan en términos espirituales y emocionales más concretos.

Pregunta 13. Quizá necesites hacer una lluvia de ideas más allá del texto para ayudar a la gente a dar pasos para encontrar alimento espiritual.

ESTUDIO 3. APLICANDO LA PALABRA. MATEO 13:1-23.

PROPÓSITO: Dejarse motivar por la parábola del sembrador tanto para escuchar como para responder a la Palabra de Dios.

Discusión en grupo. Si los oyentes creen que esto no se aplica a ellos, recuérdales lo que se siente cuando se les dilatan las pupilas. O diles que piensen en cómo suena el ambiente al bajar de un avión (zumban los oídos).

Preguntas 1-2. Los cuatro tipos de suelo son los siguientes (1) versículos 3-4, (2) versículos 5-6, (3) versículo 7 y (4) versículo 8. Estos cuatro son paralelos en (1) versículo 19, (2) versículos 20-21, (3) versículo 22 y (4) versículo 23.

Pregunta 4. Craig Keener señala: «Jesús hace hincapié en que solo su círculo íntimo lo entenderá, porque las parábolas solo tienen sentido en el contexto del ministerio de Jesús, solo aquellos que se acercan a su círculo íntimo, los que perseveran hasta alcanzar un discipulado maduro, resultarán ser buena tierra» (*Matthew*, IVP New Testament Commentary [Downers Grove, Ill.: InterVarsity Press, 1997], p. 236).

Pregunta 5. Observa que mientras Jesús empezó hablando a una gran multitud, ahora son los discípulos los que se agolpan a su alrededor. «A los que tenían alguna revelación, se les daría más revelación (Mt 13:11-12). En otras palabras, sólo los discípulos demostraron ser buena tierra (v. 23)». (Keener, *Matthew*, p. 239).

Pregunta 6. Si deseas consultar el texto de fondo, la fuente de la cita de los versículos 14-15 es Isaías 6:9-10.

Pregunta 8. Repasa las referencias a ver y oír en el versículo 2, donde la multitud está escuchando a Jesús, así como en los versículos 9, 13, 14-15, 16-17 y 18-23.

ESTUDIO 4. REUNIDOS EN TORNO A LA PALABRA. HECHOS 2:42-47.

PROPÓSITO: Descubrir el lugar de la Palabra en el centro de la comunidad cristiana, que nos reúne mientras aprendemos sobre Dios.

Pregunta 3. Considera cada uno de los elementos enumerados en el versículo 42: enseñanza (o estudio de la Biblia), comunión (incluida la comida en común) y oración.

Pregunta 4. Si aún no se ha abordado, podrías seguir preguntando: «¿Cómo se equilibran estos elementos entre sí?».

Esta pregunta podría despertar sentimientos de decepción y descontento que podrían resultarnos poco productivos. Si la conversación va por este camino, anima a los miembros a pensar en formas en las que puedan provocar un cambio llevando estos elementos a una iglesia o a un grupo pequeño.

Pregunta 5. Analiza los milagros (v. 43), el dar y compartir (vv. 44-45), el crecimiento espiritual (adoraban «con corazón alegre y sincero», v. 46) y el alcance evangelístico (v. 47).

Pregunta 6. Permite que la gente reaccione ante esta idea, que puede parecer sorprendente o extrema. Pero no dejes que la idea potencialmente intimidante de compartirlo *todo* te impida ver cómo podrías compartir *algo*. Considera ideas como prestar un auto a alguien, reunir a un grupo para pintar una casa o abrir tu casa a un misionero en año sabático.

Pregunta 8. Reflexiona sobre los diferentes tipos de grupos pequeños o clases de escuela dominical en los que has estado. ¿Cómo ha desempeñado la Escritura un papel significativo en esos grupos?

Pregunta 9. De nuevo, enfócate en lo que pueden hacer los individuos más que en los problemas que puedan haber experimentado.

Ahora o después. Si estás dirigiendo un grupo, éste es un buen momento para expresar el aprecio de unos por otros. Una forma divertida de hacerlo incorpora un ovillo de hilo. Con el grupo sentado en un círculo, el líder se ata el hilo a una muñeca y luego se lo lanza a otro miembro, expresando aprecio por algo de dicha persona. La segunda persona se ata el hilo a la muñeca y luego se lo lanza a una tercera persona con una palabra de agradecimiento. Al final todos deben levantar las manos (puedes hacer que cada persona participe una o dos veces) y verán cómo el amor de Cristo nos entreteje.

ESTUDIO 5. CONOCER LA MENTE DE CRISTO. 1 CORINTIOS 2:6-16.

PROPÓSITO: Comprender la obra del Espíritu a través de la Palabra para darnos entendimiento de las «cosas de Dios».

Discusión en grupo. Puedes repartir tiras de papel con una de las categorías escrita en cada una. Pide a cada persona que hable en la voz indicada. Observa si el resto del grupo puede adivinar quiénes son. Así, el disk jockey (DJ) podría decir: «Buscamos a personas que puedan decirnos cómo salir de una relación después de una aventura de una noche». La idea aquí es mostrar la sabiduría del mundo, no la sabiduría bíblica. Si dispones de poco tiempo, puedes simplificarlo discutiendo sólo un par de categorías juntas.

Nota general. Observa cómo Pablo comienza el capítulo 2 minimizando su «elocuencia o sabiduría superior». *The NIV Study Bible* (Biblia de estudio NVI) sugiere que Pablo puede haber estado minimizando la influencia de Apolos, que ponía demasiado énfasis en la sabiduría humana (p. 1738).

Pregunta 1. En el versículo 6 «los filósofos utilizaban el término "maduro" o "perfecto" (RV)... para aquellos que habían progresado hasta una etapa avanzada en sabiduría» (Craig S. Keener, *The IVP Bible Background Commentary: New Testament* [Downers Grove, Ill.: InterVarsity Press, 1993], p. 457).

Pregunta 4. Lee Efesios 3:4-6 en relación con el «secreto».

Pregunta 6. Con la primera parte de la pregunta, observa lo que dice el texto. A continuación, ve más allá y busca una interpretación más profunda comentando las experiencias que hayan tenido los miembros del grupo en las que el Espíritu les haya ayudado a comprender el significado del texto.

The IVP Bible Background Commentary tiene un comentario muy útil:

> Solo el Espíritu de Dios conoce lo que hay en su corazón, pero como los creyentes tienen el Espíritu de Dios, también pueden conocer su corazón. Esta era una afirmación radical para la mayor parte del judaísmo antiguo, porque la mayoría de los maestros judíos no creían que el Espíritu estuviera activo en su época. «Espíritu» tenía una amplia variedad de significados, entre ellos «actitud», «disposición»; por lo tanto, «espíritu del mundo» no tiene por qué referirse a ningún ser espiritual en particular (a diferencia del Espíritu de Dios). (p. 458)

Pregunta 11. Utiliza esta pregunta para resumir el pasaje y extraer algunos principios sobre cómo Dios nos da sabiduría.

ESTUDIO 6. GUIADOS POR LA PALABRA. SALMO 119:97-108.

PROPÓSITO: Aprender cómo la Palabra guía nuestras decisiones en la vida.

Reflexión personal. Por lo general, todos nos enfrentamos a situaciones donde debemos tomar alguna decisión que nos atormenta. Si estás dirigiendo a un grupo, puedes dejar unos minutos para que la gente piense u ore sobre esta cuestión al comenzar. O puedes volver sobre ella al final, quizás orando de dos en dos.

Pregunta 1. Profundiza en «ley» y «leyes» (vv. 97, 102, 108), «mandamientos» (v. 98), «mandatos» (v. 99), «preceptos» (vv. 100, 104), «dulces» y «más dulces que la miel» (v. 103), «lámpara» y «luz» (v. 105). Si el grupo pasa por alto algunos de ellos, señala los versículos concretos y pregúntales qué ven allí.

Pregunta 3. Básate en el texto para responder a esta pregunta. Observa «más sabio que mis enemigos» (v. 98), «más discernimiento que todos mis maestros» (v. 99), «más entendimiento que los ancianos» (v. 100), «aparto mis pies de toda mala senda» (v. 101), «no me desvío de tus leyes» (v. 102), y «adquiero entendimiento» y «aborrezco toda senda de mentira» (v. 104).

Pregunta 6. Puedes citar ejemplos a partir de lo que analizaron en las preguntas 3 a 5 o simplemente de las experiencias personales.

Pregunta 8. Para que el grupo empiece a hablar, prepárate para ofrecer un ejemplo de cómo las Escrituras te han orientado en medio de una decisión difícil.

ESTUDIO 7. FORTALECIDOS POR LA PALABRA. JOSUÉ 1:1-9.

PROPÓSITO: Analizar cómo la Palabra nos da audacia para seguir a Dios hacia nuevos territorios.

Discusión en grupo. Las respuestas no tienen por qué ser profundamente serias para que la gente empiece a pensar en cómo afrontar los retos de la vida. Pueden incluir nuevas tareas en el trabajo o las exigencias de los deportes y las aficiones.

Antecedentes. Lean en Deuteronomio 31:1-8 la historia de cómo Dios eligió a Josué.

Pregunta 1. Observa las acciones y las cualidades del carácter (vv. 6-7).

Pregunta 2. Según *The NIV Study Bible* (Biblia de estudio NVI), «Las dimensiones de la tierra prometida a Israel varían (compare este texto y Génesis 15:18 con Deuteronomio 34:1-4), pero estos son los límites más lejanos, conquistados y retenidos solo por David y Salomón» (p. 289).

Pregunta 3. Estos versículos son el punto de transición entre la historia de Moisés en el Deuteronomio y el nombramiento de Josué por parte de Dios. Según Trent C. Butler, hay cinco componentes principales en el liderazgo israelita. (1) «Todo liderazgo en Israel ocurre a la sombra de Moisés». (2) La tarea del líder es «mantener la tierra para sí mismo y para sus semejantes». (3) Se promete la presencia de Dios. (4) Pero el líder debe ser obediente a la Ley dada a Moisés. (5) Dios «llamó al líder a reflexionar y responder a la palabra divina» (*Joshua*, Word Biblical Commentary [Waco, Tex.: Word, 1983], pp. 13-14).

Pregunta 6. El «Libro de la Ley» es una referencia a la ley de Moisés dada por Dios a Moisés en Deuteronomio 4:44–26:19.

Pregunta 7. Según *The NIV Study Bible* (Biblia de estudio NVI), ya existía una «forma documental de las leyes del Sinaí», pero la «ley solía leerse oralmente». Véase, por ejemplo, Deuteronomio 30:9-14 (p. 289). Para nosotros, mantener la Palabra en la boca también puede significar hablarla unos a otros y hablar desde corazones y mentes alimentados por ella.

ESTUDIO 8. TRANSMITIR LA PALABRA. DEUTERONOMIO 6:1-9.

PROPÓSITO: Descubrir nuestra parte en enseñar a la siguiente generación a amar la Palabra.

Nota general. El estudio y las preguntas han sido diseñados para aplicarse tanto a los que tienen hijos como a los que no. Discierne y pon atención a la composición del grupo y ayuda a los demás a hacer la aplicación. Todos influimos de alguna manera en la generación más joven.

Discusión en grupo. Sé sensible al hecho de que algunos miembros no tendrán cristianos en sus familias. Unas pocas respuestas serán suficientes.

Pregunta 2. Observa «mandamientos», «decretos» y «leyes». Y «enseñar» e «impresionar». También «observar», «obedecer» y «guardar».

Pregunta 3. «Las "tradiciones de fe» pueden incluir todo tipo de acciones y enseñanzas. Puede ser la transmisión de una Biblia cuando un niño cumple doce años. Tal vez alguien provenga de una familia atea. Su tradición de fe podría ser ir a la iglesia una vez al año, en Navidad. Algunos pueden haber experimentado también tradiciones de otras confesiones.

Pregunta 7. Piensa en las formas en que escudriñas las Escrituras en casa: devocionales familiares, versículos de memoria, discutir las lecciones de la escuela dominical y los trabajos para llevar a casa, orar el Padre Nuestro.

Pregunta 8. Esto no es necesariamente un apoyo a las camisetas cristianas. Esperemos que nuestra forma de hablar y nuestras acciones reflejen nuestra fe ante el mundo.

Pregunta 9. Las Escrituras podrían exhibirse en nuestros hogares en un cuadro o estar colgadas en la pared. Las enseñanzas de las Escrituras también pueden ser evidentes en la forma en que recibimos a la gente en nuestros hogares, si elegimos el mobiliario por comodidad o por ostentación, etc.

ESTUDIO 9. REFLEJAR LA PALABRA. 2 CORINTIOS 3.

PROPÓSITO: Analizar cómo nuestras vidas son un testamento de la obra de la Palabra. Como Cristo, somos la Palabra viva.

Pregunta 1. Esta pregunta está pensada para que la gente lea y analice el texto. Las siguientes preguntas profundizarán en el significado de «carta».

Pregunta 2. Algunos pueden sentir que responder a esta pregunta es «presumir de sí mismos». Recuérdales que Pablo habla de forma muy clara y audaz en los versículos 2-3. No se avergüenza de hablar de cómo Dios lo ha utilizado para llegar a otros. Nosotros tampoco deberíamos estarlo.

Pregunta 3. Linda Belleville dice:

> Lo que es cualitativamente mejor del nuevo pacto es que no es un pacto de *letra* —es decir, un código externo— sino un pacto de *Espíritu* —es decir, de poder interno. Un pacto que es *letra* en naturaleza

mata porque hace demandas externas sin dar el poder interno para la obediencia, mientras que un pacto que es *Espíritu* en carácter *da vida* porque obra internamente para producir un cambio de naturaleza. (*2 Corinthians*, IVP New Testament Commentary [Downers Grove, Ill.: InterVarsity Press, 1996], pp. 94-95)

Pregunta 5. Belleville dice del pacto mosaico: «Lejos de ser la clave de la vida cristiana victoriosa, es en realidad un ministerio que no trae más que *muerte* (v. 7) y condenación (v. 9) a aquellos del pueblo de Dios que se esfuerzan por vivir según él. Ser un ministro del antiguo pacto es, por tanto, ser un instrumento de muerte y destrucción. El ministerio del nuevo pacto, en cambio, trae *el Espíritu* (v. 8) y *la justicia* (v. 9)» (*2 Corinthians*, p. 97).

Pregunta 7. «El velo» es una referencia a Éxodo 34:33-35.

Pregunta 8. Belleville señala el cambio del plural «ellos» en el versículo 15 al singular «cualquiera» en el versículo 16. «A pesar de la ceguera nacional —que explica por qué Israel en su conjunto no responde al evangelio— sigue existiendo la posibilidad de una respuesta personal» (*2 Corinthians*, p. 109).